El sonido

Grace Hansen

Abdo
LA CIENCIA BÁSICA
Kids

Abdo Kids Jumbo es una subdivisión de Abdo Kids
abdobooks.com

abdobooks.com

Published by Abdo Kids, a division of ABDO, P.O. Box 398166, Minneapolis, Minnesota 55439.

102018

012019

THIS BOOK CONTAINS
RECYCLED MATERIALS

Spanish Translator: Maria Puchol

Photo Credits: iStock, Science Source, Shutterstock

Production Contributors: Teddy Borth, Jennie Forsberg, Grace Hansen

Design Contributors: Dorothy Toth, Laura Mitchell

Library of Congress Control Number: 2018953942

Publisher's Cataloging-in-Publication Data

Names: Hansen, Grace, author.

Title: El sonido / by Grace Hansen.

Other title: Sound

Description: Minneapolis, Minnesota : Abdo Kids, 2019 | Series: La ciencia básica
| Includes online resources and index.

Identifiers: ISBN 9781532183928 (lib. bdg.) | ISBN 9781641857345 (pbk.) | ISBN 9781532185007 (ebook)

Subjects: LCSH: Sound--Juvenile literature. | Acoustics--Juvenile
literature. | Spanish language materials--Juvenile literature.

Classification: DDC 534--dc23

Contenido

¿Qué es el sonido?

¡El sonido es una onda! Las ondas de sonido viajan a través de **fluidos** y de sólidos.

Las ondas de sonido son **ondas longitudinales**. Las partículas del aire **vibran** en la misma dirección que la onda.

F.D.
N.Y.

Cuando las ondas de sonido viajan, las partículas **vibran** en el aire. Esas partículas a su vez hacen vibrar el aire a su alrededor. Esto continúa ocurriendo produciendo ondas que se propagan hacia fuera.

Las ondas de sonido también pueden llamarse ondas de presión. Algunas ondas hacen que unas partículas en el aire se agrupen y que otras se separen.

ONDAS DE SONIDO

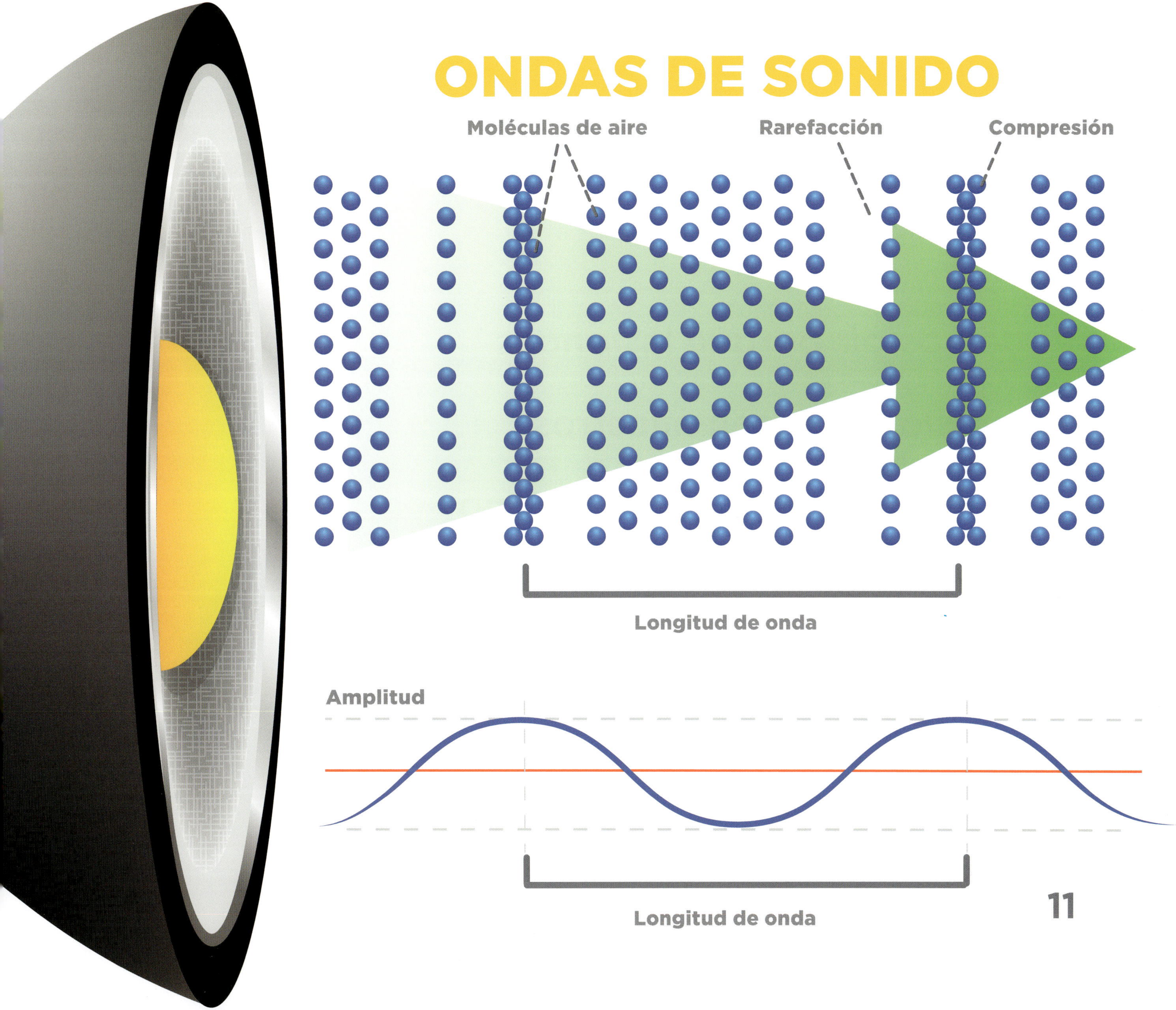

Podemos oír porque las ondas de presión golpean nuestros tímpanos. Hacen que el tímpano **vibre**. El cerebro **interpreta** esas vibraciones como sonido.

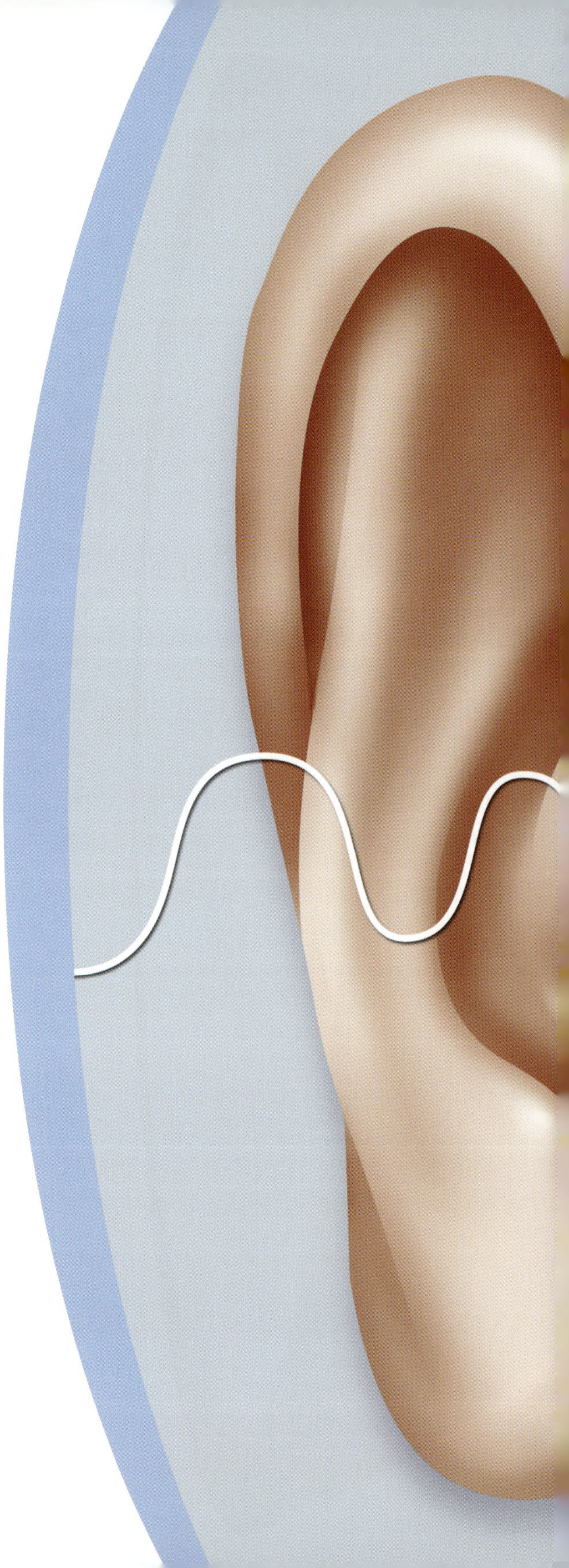

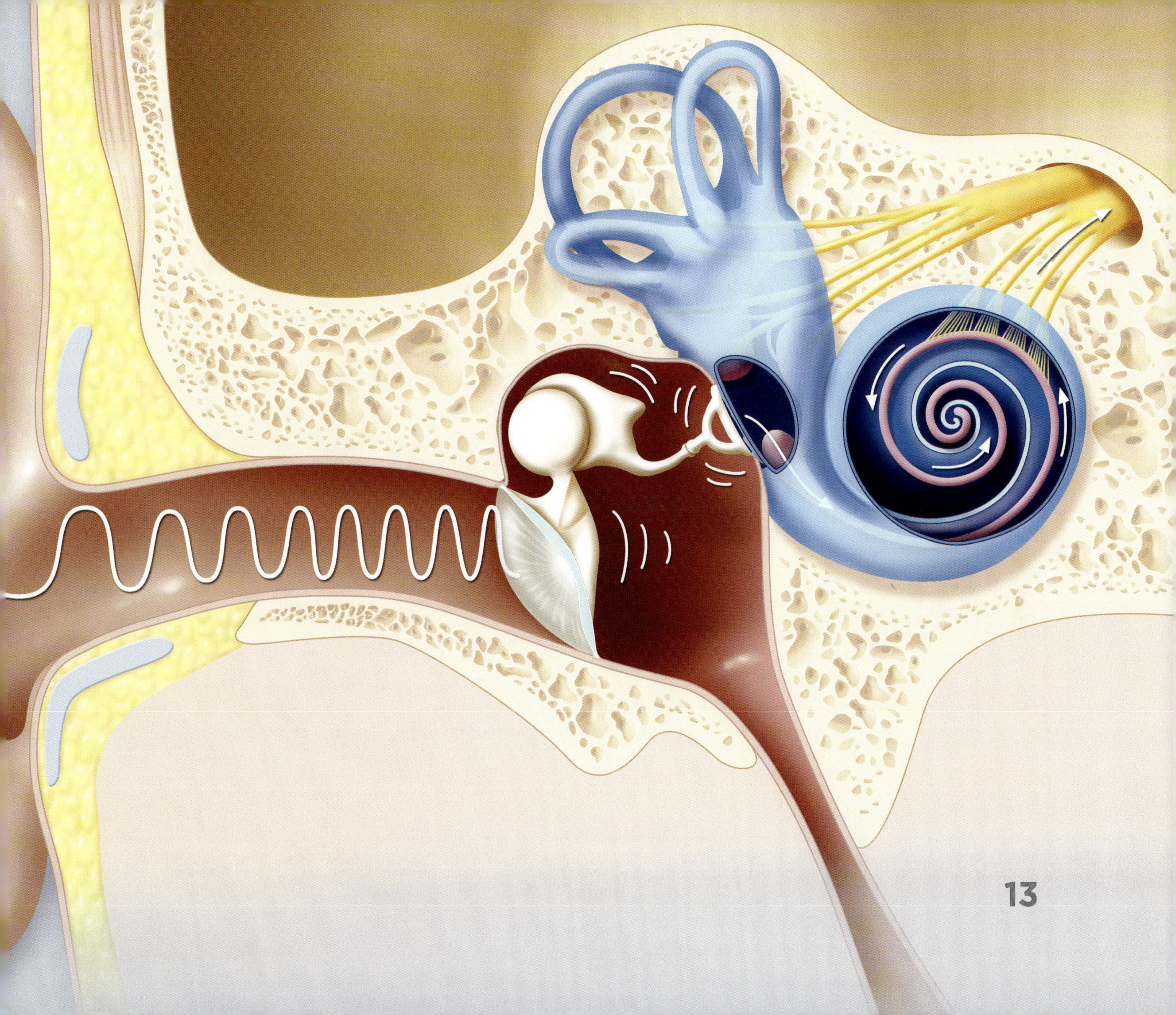

Tono y volumen

No todos los sonidos son iguales. El **tono** puede ser agudo o grave. Coincide con la **frecuencia** de la onda.

Si el aire **vibra** rápido, su **tono** es agudo. Un silbato produce un sonido agudo. Si el aire vibra despacio, su tono es grave. Una tuba produce un sonido grave.

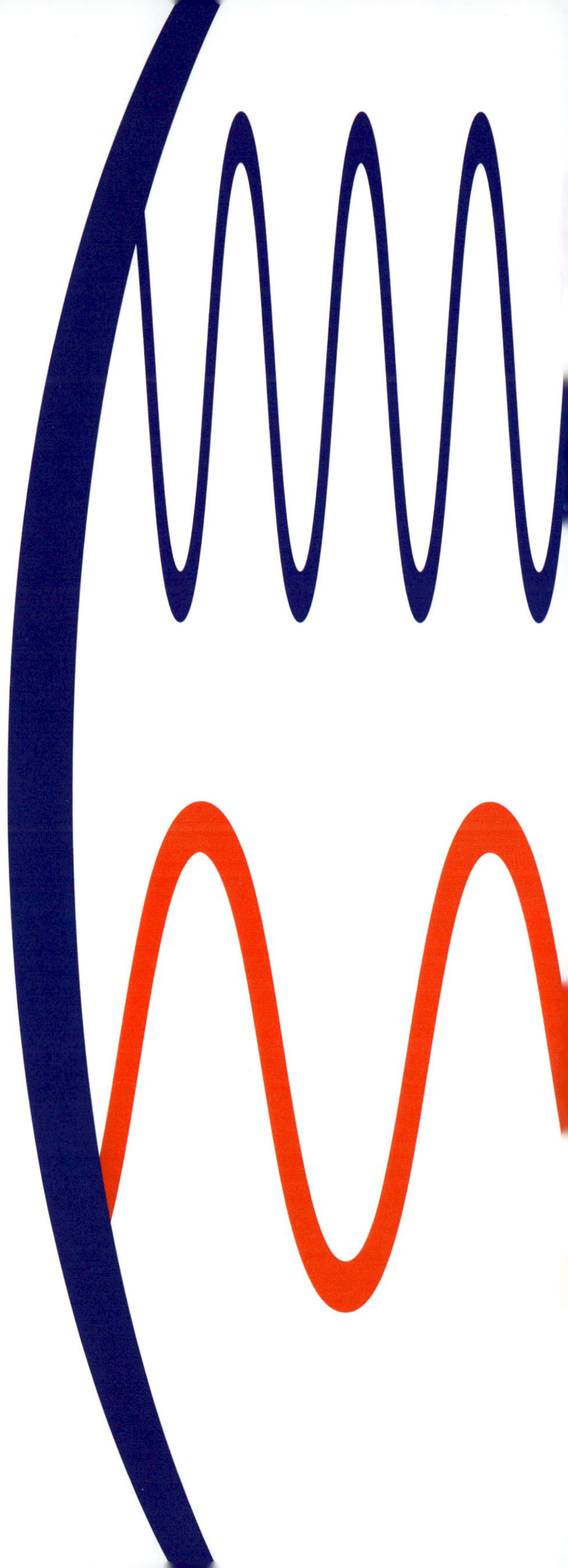

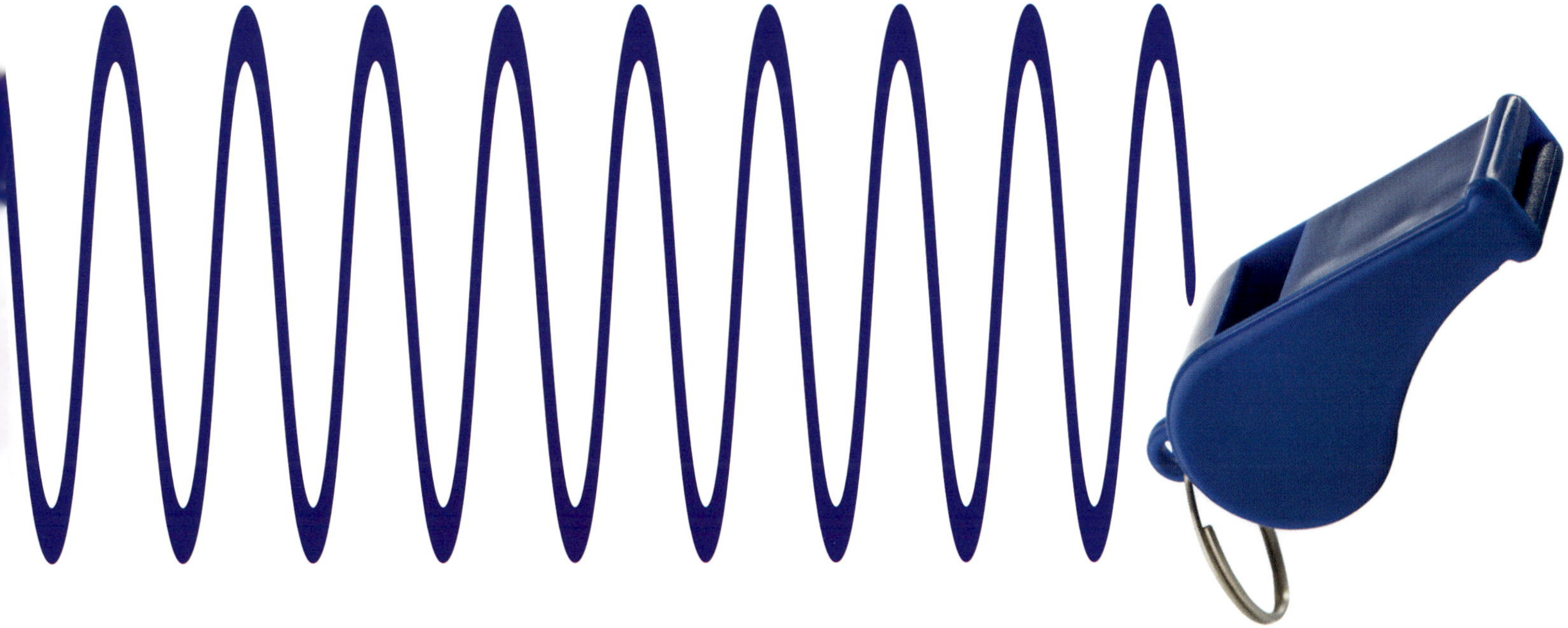

Cuanto más alta sea la **intensidad** del sonido, más fuerte se oirá. El decibelio es la unidad de medida de la intensidad de sonido.

Un susurro es un sonido débil. Mide cerca de 30 decibelios. La sirena de un coche de policía es extremadamente fuerte. Mide cerca de 120 decibelios.

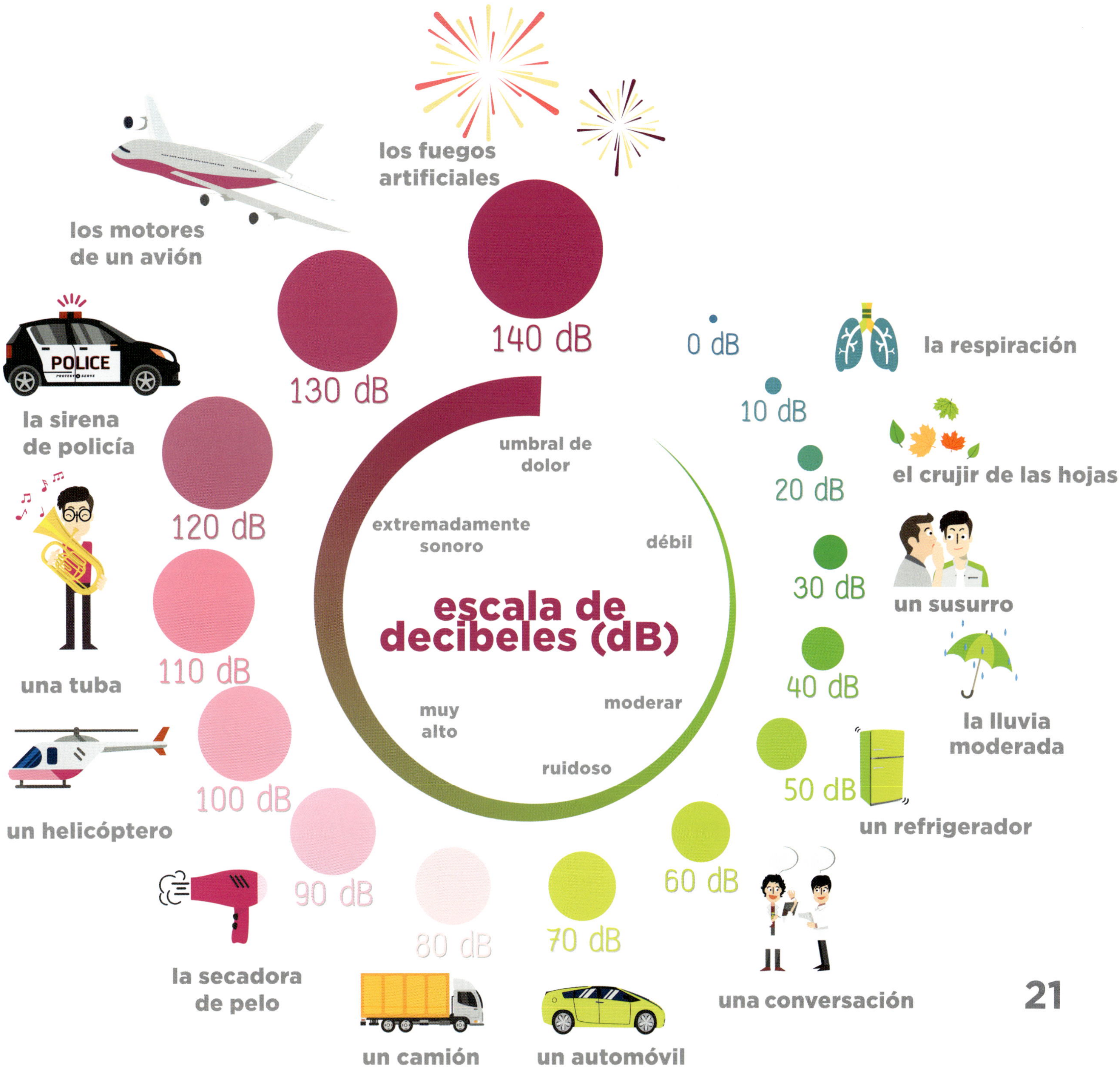
escala de decibeles (dB)
umbral de dolor
extremadamente sonoro
débil
moderar
muy alto
ruidoso
0 dB
la respiración
10 dB
20 dB
el crujir de las hojas
30 dB
un susurro
40 dB
la lluvia moderada
50 dB
un refrigerador
60 dB
una conversación
70 dB
un automóvil
80 dB
un camión
90 dB
la secadora de pelo
100 dB
un helicóptero
110 dB
una tuba
120 dB
la sirena de policía
130 dB
los motores de un avión
140 dB
los fuegos artificiales
POLICE

¡A repasar!

- El sonido es una onda de energía.
- Las ondas de sonido son ondas longitudinales. Las partículas en el aire **vibran** en la misma dirección que la onda.
- Las partículas en una onda de sonido se agrupan y separan mientras viajan. Esto se llama onda de presión.
- El decibelio es la unidad para medir el volumen de un sonido.

Glosario

fluido – líquido o gas. Los fluidos se mueven fácilmente y adoptan la forma de su recipiente. El agua y el aire son fluidos.

frecuencia – número de ondas que pasan por un determinado punto durante cierto tiempo.

intensidad – fuerza que llevan las ondas de sonido.

interpretar – entender.

onda longitudinal – onda que mueve partículas en la misma dirección que el movimiento de la onda.

tono – frecuencia alta o baja de un sonido.

vibrar – moverse muy rápida y continuamente de un lado a otro.

Índice

Abdo Kids ONLINE
FREE! ONLINE MULTIMEDIA RESOURCES

¡Visita nuestra página **abdokids.com** y usa este código para tener acceso a juegos, manualidades, videos y mucho más!